Material extra: ¡Dale vida a la Biblia!

Observa cómo las historias bíblicas cobran vida al descargar la aplicación GRATUITA de realidad aumentada de B y H Niños. Luego, simplemente escanea los íconos al principio de cada historia para escuchar narraciones que acompañan la lectura ¡y podrás ver ilustraciones a todo color que saltan de la página!

DESCARGA LA APLICACIÓN GRATUITA AHORA

Escanea este código QR o busca en la tienda de aplicaciones ingresando «B y H Niños ES». Después, sigue estos tres pasos sencillos:

1 Toca cualquier ícono

2 Escanea la ilustración

3 ¡Mira cómo cobra vida!

Publicado por B&H Publishing Group, Nashville, Tennessee 37234

Publicado originalmente en inglés con el título *The Big Picture Interactive Bible Stories in 5 Minutes*. Copyright © 2014 por B&H Publishing Group.

Traducido por Gabriela De Francesco de Colacilli
Ilustraciones por Heath McPherson

ISBN: 978-1-4336-8956-7

Clasificación decimal Dewey: J220.95

Clasifíquese: Historias bíblicas / Biblia-historia de
eventos bíblicos / Biblia-pictorial

Impreso en Octubre 2015
en Huizhou, Guangdong, China

1 2 3 4 5 6 * 19 18 17 16

LA GRAN HISTORIA

RELATOS BÍBLICOS INTERACTIVOS en 5 minutos

ENCUENTRA A CRISTO EN TODA LA HISTORIA DE DIOS

B&H NIÑOS
Nashville, Tennessee

Contenido

En el principio

Tomado de Génesis 1-3

**Esta es la historia de Adán y Eva
y de cómo Dios creó todo de la nada.**

En el principio, no había nada; solo existía Dios. Luego, el Señor creó los cielos y la tierra. Sin embargo, la tierra estaba oscura y fría. No había sol ni luna. No había árboles ni flores. No había leones, cebras ni osos. No había gente por ninguna parte. Solo había oscuridad.

Entonces, Dios dijo: «Que haya luz», ¡y apareció la luz! Dios llamó a la luz «día» y a la oscuridad «noche». Este fue el primer día de la creación.

Al segundo día, Dios creó un gran espacio sobre la tierra. Lo llamó «cielo». Al tercer día, el Señor hizo la tierra y los mares. Después, Dios dijo: «Que la tierra se llene de plantas y árboles». ¡Y así fue!

Al cuarto día, Dios hizo el sol para que brillara durante el día. Desparramó estrellas por todo el cielo e hizo la luna para alumbrar la noche.

Al quinto día, Dios hizo todas las criaturas que nadan y chapotean en el mar: ¡desde las estrellas de mar hasta las ballenas y todo lo que está en el medio!

Después, Dios llenó los cielos con aves de toda clase. Había brillantes azulejos y águilas que vuelan en lo alto, pájaros que gorjean y otros que cantan.

Al sexto día, Dios hizo todos los animales. Creó animales que saltan y corren, y criaturas que se arrastran por el suelo. ¡Hizo a los ratoncitos más pequeños y al elefante que pesa una tonelada!

Sin embargo, Dios tenía algo más para crear. Entonces, juntó polvo del suelo, lo modeló hasta obtener la forma que quería y, después, ¡sopló aliento de vida al hombre! Y el hombre se llamó Adán.

Dios plantó un jardín en un lugar llamado Edén, y colocó allí a Adán. Entonces, Dios le llevó a cada animal a Adán, uno por uno, para que les pusiera un nombre. Adán les dio un nombre a cada uno de los animales, y así se llaman desde entonces.

Pero después de ver todos los animales que Dios había creado,
Adán no pudo encontrar alguien que lo ayudara o fuera su amigo.
No había otra criatura como él.

Entonces, Dios hizo que Adán se durmiera profundamente, y le sacó una costilla del costado. Con esa costilla, Dios hizo una mujer. La llamó Eva, y ella se transformó en la ayudante y la amiga de Adán. Así terminó el sexto día.

Dios miró todo lo que había hecho y vio que era muy bueno. Entonces, al séptimo día, Dios descansó de todo lo que había hecho.

Había solo una cosa que Adán y Eva no podían hacer en el jardín.

«Pueden comer del fruto de cualquier árbol menos de uno», advirtió Dios. «No coman el fruto del árbol del conocimiento del bien y del mal o morirán».

Ahora bien, la serpiente (que, en realidad, era Satanás) era el animal más engañoso de todos. Un día, se acercó a Eva y le preguntó: «¿De veras Dios les dijo que no deben comer del fruto de ninguno de los árboles del huerto?».

«No», contestó Eva. «Podemos comer cualquier fruto, menos el fruto del árbol del conocimiento del bien y del mal. Si comemos de su fruto o incluso lo tocamos, ¡moriremos!».

«No morirán», siseó la serpiente. «Pero si lo comen, serán como Dios».

Eva miró el fruto. Parecía delicioso, y ella quería ser sabia como Dios. Entonces, tomó uno, lo mordió y le dio un poco a Adán. De repente, sus ojos fueron abiertos, ¡y se dieron cuenta de que estaban desnudos! Entonces, se hicieron ropa con algunas hojas.

Más tarde, ¡Adán y Eva escucharon algo! Era Dios, que caminaba por el jardín. Entonces tuvieron miedo porque habían desobedecido y se escondieron.

—¿Dónde están? —los llamó Dios, aunque ya sabía la respuesta.

Temblando, Adán contestó: —Tuve miedo porque estaba desnudo. Así que me escondí de ti.

—¿Quién te dijo que estabas desnudo? —preguntó Dios—. ¿Acaso comieron del fruto que les dije que no podían comer?

—Fue la mujer —exclamó Adán—. ¡Ella me dio el fruto!
Pero Eva dijo: —Fue la serpiente. ¡Me mintió!

Adán y Eva habían desobedecido la regla de Dios, así que tuvieron que irse de Su jardín. Dios envió a un ángel y una espada de fuego ardiente que giraba para proteger el lugar y para que nunca pudieran volver a entrar.

Desde ese momento, Adán y Eva tuvieron que trabajar y esforzarse mucho para conseguir su comida. Además, un día morirían, tal como Dios había dicho.

Cuando Adán y Eva desobedecieron a Dios, el pecado entró en el mundo. Sin embargo, Dios no dejó de amarlos. Es más, ya tenía un plan para salvarlos… ¡y para salvarnos a ti y a mí también!

Un día, cuando llegara el momento adecuado, Dios enviaría a Jesús, Su Hijo. Jesús rescata a las personas del pecado cuando se arrepienten y creen en Él.

Pues Dios amó tanto al mundo que dio a su único Hijo, para que todo el que crea en él no se pierda, sino que tenga vida eterna.
—Juan 3:16

El gran diluvio
Tomado de Génesis 6-9

Esta es la historia de cómo llegaron a existir los arcoíris y de cómo Dios salvó a los que lo siguieron.

Adán y Eva tuvieron hijos. Sus hijos tuvieron más hijos, y así siguió la historia hasta que la tierra se llenó de gente. Pero, al pasar los años, las personas empezaron a olvidarse de Dios.

Sus corazones y sus mentes se llenaron de maldad. ¡Se volvieron tan malvados que en lo único que pensaban era en hacer cosas malas!

Esto puso muy triste a Dios. Estaba *tan* triste que se arrepintió de haber creado al hombre. Entonces, decidió destruir a todas las criaturas que vivían sobre la tierra. Sin embargo, había un hombre que era diferente.

Este hombre era Noé, y tenía tres hijos llamados Sem, Cam y Jafet. Noé intentaba agradar a Dios con todo lo que hacía y decía. Eso alegraba mucho al Señor.

Un día, Dios le dijo a Noé:
«Voy a enviar un diluvio sobre
la tierra para destruir a todas las
criaturas que viven en ella. Pero
como tú me amas y me sigues,
voy a salvarlos a ti y a tu familia». Entonces, Dios le dijo a
Noé que construyera un arca.

«Constrúyela con madera de ciprés», le dijo Dios. «Colócale un techo y una puerta al costado. Y cuando llegue el momento, entra con tu familia al arca. Entonces, te enviaré dos animales de cada especie. Hazlos entrar al arca y mantenlos a salvo».

Noé escuchó a Dios e hizo todo lo que le había indicado. Noé tenía 600 años cuando sucedió todo esto.

Cuando el arca quedó lista, Dios envió a los animales donde estaba Noé. Había toda clase de ave, animal y criatura que se arrastra por el suelo. De dos en dos, llegaron al arca de Noé.

Cuando todos los animales estaban adentro, Dios le ordenó a Noé: «Entra al arca con tu familia».

Noé hizo lo que Dios le indicó y el Señor cerró la puerta. Entonces, empezó a llover.

El agua caía y caía desde el cielo. ¡Hasta salió agua desde la tierra! Durante 40 días y 40 noches, llovió y llovió y llovió.

Las aguas se hicieron cada vez más profundas y el arca comenzó a flotar por encima del suelo. El agua siguió subiendo hasta que tapó todo… ¡incluso las copas de los árboles! Aún así, el agua siguió subiendo.

Subió y subió y subió hasta cubrir la cima de las montañas más altas.

Pero Noé y su familia y todos los animales estaban seguros, calentitos y secos dentro del arca.

Después de 40 días, la lluvia se detuvo, pero la tierra seguía inundada. Entonces, Dios envió un gran viento para secar las aguas. El viento *sopló* y *silbó* alrededor del arca.

Las aguas fueron bajando y bajando hasta que, por fin, se pudieron ver las puntas de las montañas. Un día, el arca aterrizó con un gran *estruendo* sobre las montañas de Ararat.

Noé esperó 40 días. Luego, abrió la ventana del arca y envió un cuervo. El pájaro voló de un lado al otro hasta que las aguas se secaron. A continuación, Noé mandó una paloma. Pero la paloma no pudo encontrar un lugar donde posarse… ¡ni siquiera un árbol! Entonces, volvió al arca de Noé.

Noé esperó siete días más y volvió a enviar a la paloma. Esta vez, volvió con una rama de olivo en el pico. ¡Los árboles estaban creciendo otra vez! Noé esperó siete días más y volvió a enviar a la paloma. Esta vez, no regresó. ¡El agua había bajado!

Dios exclamó: «¡Noé! Salgan del arca… ¡tú y toda tu familia y los animales!».

Noé y su esposa, sus hijos y sus esposas salieron del arca, estirándose y refregándose los ojos ante la brillante luz del sol.

Los animales también salieron, de dos en dos. Los pájaros sacudieron las alas y se elevaron por el aire. Los leones y los leopardos se agazaparon y avanzaron lentamente. Los osos se movían con pesadez y las tortugas se tomaban su tiempo.

Había tanto para ver y hacer, pero Noé se detuvo y adoró a Dios. El Señor bendijo a Noé y a sus hijos y les ordenó que volvieran a llenar la tierra de gente. Entonces, Dios hizo un pacto (una promesa muy especial) con Noé y sus hijos.

«Nunca más destruiré la tierra con un diluvio», prometió Dios. Como señal de esa promesa, Dios colocó un arcoíris en las nubes.

«Cuando vea el arcoíris», dijo Dios, «recordaré mi promesa».

Dios castigó a las personas del mundo por su maldad y sus pecados; pero les mostró misericordia y gracia a Noé y a su familia.

Hoy todavía hay maldad y pecado en este mundo, pero Dios reveló todo Su maravilloso plan para rescatarnos a ti y a mí. Jesús, el Hijo de Dios, fue castigado por nuestros pecados para que los que lo amamos y lo seguimos no tuviéramos que sufrir el castigo.

… Jesús entregó su vida por nuestros pecados para rescatarnos…
—Gálatas 1:4

El soñador

Tomado de Génesis 37, 39-50

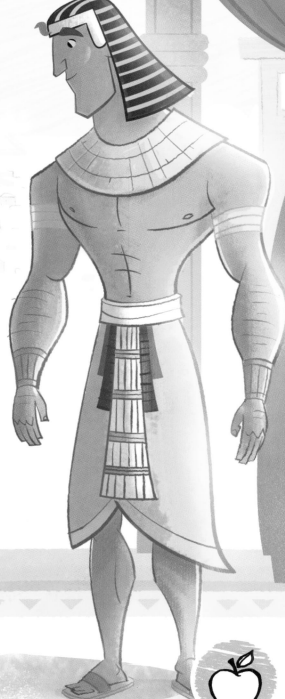

Esta es la historia de un hombre llamado José y de cómo Dios usó los planes malvados de algunos para salvar la vida de muchos.

Hace mucho, mucho tiempo, vivía un hombre llamado Jacob, que tenía doce hijos. Pero como amaba a su hijo José más que a los demás, le regaló una hermosa túnica de muchos colores. Esto enfureció a los hermanos de José.

   Tiempo después, José soñó que él y sus hermanos juntaban manojos de grano. De repente, el manojo de José se levantaba mientras que los demás se inclinaban como haciendo una reverencia. Cuando José les contó a sus hermanos lo que había soñado, ellos dijeron: «¿De veras crees que nos inclinaremos ante ti?». ¡Y lo detestaron aún más!

Un día, Jacob envió a José a ver cómo estaban sus hermanos, que habían ido al campo a cuidar las ovejas. Los hermanos lo vieron llegar y decidieron matarlo.

Pero uno de ellos dijo: «¡No lo maten! Mejor arrojémoslo en este pozo». Entonces, los hermanos lo arrojaron a un pozo.

Cuando pasó una caravana de ismaelitas por allí, los hermanos vendieron a José como esclavo. Después, mancharon su hermosa túnica con la sangre de un animal y se la dieron a su padre. ¡Jacob pensó que un animal salvaje había matado a su hijo!

Mientras tanto, a José lo llevaron a Egipto y se lo vendieron a un hombre llamado Potifar; pero Dios estaba con José y lo bendecía en todo lo que hacía. Potifar se dio cuenta de esto y lo puso a cargo de toda su casa.

Cuando la esposa de Potifar quiso que José traicionara a su amo, José dijo: «¡No!». Entonces, ella dijo una terrible mentira sobre él, ¡y Potifar lo arrojó a la cárcel!

Pero incluso en la prisión, Dios estaba con José. Pronto, lo pusieron a cargo de todos los prisioneros.

Tiempo después, el faraón (el rey) se enojó con su copero y su panadero y también los envió a la cárcel. Allí, los dos tuvieron sueños muy extraños. Con la ayuda de Dios, José les explicó qué significaban esos sueños. El copero recuperaría su trabajo, pero el panadero moriría.

«Háblale de mí al faraón», le rogó José al copero. Sin embargo, cuando el copero regresó con el faraón, se olvidó de José.

Dos años más tarde, el faraón también tuvo sueños extraños. ¡Siete vacas flacas y feas se comían a otras siete vacas gordas y saludables! Y siete espigas de grano resecas y marchitas se comían a siete espigas hermosas y llenas de grano. Nadie podía explicarle al faraón lo que significaban estos sueños. De repente, ¡el copero se acordó de José!

Con la ayuda de Dios, José dijo: «Tus sueños significan que habrá siete años de abundancia, seguidos de siete años de hambre. Debes seleccionar a un hombre que junte alimento durante los años buenos. Tiene que almacenarlo para que Egipto no pase hambre durante los años de escasez».

El faraón respondió: «Tú serás ese hombre. Estarás sobre todo Egipto. Solo yo seré más importante que tú, José».

Durante los siete años buenos, José guardó mucho grano. Cuando llegó la hambruna, solo Egipto tenía alimento. Personas de todas las naciones acudían a José para comprar comida.

Hasta Jacob envió a sus hijos a Egipto a comprar trigo. Sin embargo, el hijo más joven, Benjamín, se quedó con su padre. Jacob tenía miedo de que algo malo le sucediera.

Los hermanos de José llegaron y se inclinaron ante él. José los reconoció de inmediato, pero ellos no se dieron cuenta de que era él. José fingió estar enojado con ellos y los llamó espías. Después, los arrojó en la cárcel.

Luego de tres días, José dejó a uno de los hermanos en la prisión y envió al resto a su casa. «No vuelvan a menos que traigan a su hermano menor con ustedes», les dijo. «Así sabré que no son espías».

Los hermanos le contaron a Jacob todo lo que había sucedido. Pero, aún así, Jacob no quiso que Benjamín fuera con ellos. Pronto, el grano se acabó, y a Jacob no le quedó otra opción. Si Benjamín no iba a Egipto, se morirían de hambre.

Entonces, una vez más, los hermanos fueron a ver a José. Pero una vez que tenían las bolsas llenas de grano, José ordenó en secreto que alguien escondiera su copa de plata en la bolsa de Benjamín.

A la mañana siguiente, los hermanos se prepararon para partir. No habían llegado lejos cuando el siervo de José los alcanzó.

«¿Por qué robaron la copa de mi amo?», les preguntó.

«¡No robamos nada!», contestaron los hermanos.

Sin embargo, ¡la copa estaba en la bolsa de Benjamín! Los hermanos se rompieron la ropa para mostrar su tristeza, y regresaron a la casa de José. Allí, cayeron de rodillas delante de él.

José ya no pudo soportarlo más. «¡Yo soy José!», gritó.

Los hermanos estaban aterrorizados, pero José los tranquilizó: «No se preocupen ni tengan miedo. Dios me envió aquí de-lante de ustedes para mantenerlos con vida. Vuelvan y traigan a mi padre y a todas sus familias aquí. Me aseguraré de que tengan toda la comida que necesiten».

Los hermanos de José hicieron lo que él dijo, y así fue como el pueblo hebreo fue a vivir a Egipto.

Los hermanos de José habían planeado lastimarlo al venderlo como esclavo. Sin embargo, Dios tomó su plan malvado y lo usó no solo para salvar sus vidas sino también la de muchas otras personas.

De la misma manera, los hombres que colgaron a Jesús en la cruz tenían un plan malvado. Pero Dios usó su plan para el bien de todo su pueblo.

Y sabemos que Dios hace que todas las cosas cooperen
para el bien de quienes lo aman...
—Romanos 8:28

Milagros maravillosos

Tomado de Éxodo 1-15

Esta es la historia de cómo un gran mar se abrió en dos y Dios rescató a su pueblo.

Años después de la muerte de José, otro faraón reinaba sobre Egipto. Él no sabía las cosas maravillosas que José había hecho por Egipto. Este faraón vio que la tierra estaba llena de israelitas (o hebreos), el pueblo de José. Tenía miedo de que ayudaran a los enemigos de Egipto, así que los transformó en esclavos. Luego, decretó un mandamiento terrible: ¡había que arrojar al río Nilo a todos los bebés varones de los israelitas!

Sin embargo, Jocabed no pudo arrojar a su bebito al río. Durante tres meses, lo mantuvo en secreto. Cuando ya era demasiado grande como para esconderlo, lo metió en un canasto y lo acomodó entre los juncos del río. María, la hermana del bebé, se escondió cerca para vigilar.

Al poco tiempo, ¡la hija del faraón encontró el canasto! Cuando vio al bebé que lloraba, sintió lástima por él.

María se acercó y le preguntó: «¿Quieres que busque a una mujer israelita para que lo cuide?».

A la hija del faraón le pareció una buena idea, y María salió corriendo a buscar a su madre, ¡la madre del bebé! Cuando el niño creció, Jocabed se lo llevó a la hija del faraón. Ella lo adoptó y le puso de nombre Moisés.

Años más tarde, Moisés vio a un egipcio que golpeaba a un israelita. Se enojó tanto que mató al egipcio. ¡Pero el faraón se enteró e intentó matar a Moisés!

Entonces, Moisés huyó de Egipto y se transformó en un pastor de ovejas en Madián. Cuando el faraón por fin murió, otro tomó su lugar. Pero aún así, la vida era terrible para los israelitas. Clamaron a Dios pidiendo ayuda, y Él los escuchó.

Un día, Moisés estaba cuidando las ovejas cuando vio algo extraño.
Una zarza estaba envuelta en llamas, ¡pero no se quemaba! De
repente, Dios habló desde la zarza: «¡Moisés! Te enviaré a sacar a

¡Pero Moisés no quería ir! «No soy bueno para hablar en frente de las personas», respondió. «Por favor, envía a otro».

Dios se enojó y le dijo: «Tu hermano Aarón te acompañará y

Entonces, Moisés volvió a Egipto. Juntos, él y Aarón fueron a ver al faraón y le dijeron: «Yahvéh, el Dios de Israel, ordena que dejes ir a su pueblo».

Pero el faraón respondió: «¿Quién es Yahvéh, y por qué tengo que obedecerle? ¡No dejaré ir a Israel!».

Dios envió a Moisés y a Aarón al río Nilo. «Cuando veas al faraón junto al río, toca el agua con tu vara», le dijo a Moisés.

Cuando la vara tocó el río, ¡el agua se transformó en sangre! Todos los peces murieron y el agua tenía un aroma tan desagradable que nadie la bebía. Aún así, el faraón no dejó ir al pueblo de Dios.

Después, Dios hizo que saliera una gran cantidad de ranas del río Nilo. Saltaron y se metieron en el palacio, en la habitación del faraón ¡y hasta en su cama! Croaban desde cada horno, vasija y tazón de Egipto. Aún así, el faraón no dejó ir al pueblo de Dios.

Entonces, Dios envió más plagas. Transformó el polvo de la tierra en mosquitos que picaban por todas partes. Luego, nubes de moscas llenaron todas las casas. Los animales se murieron, y las personas estaban cubiertas de llagas dolorosas. Después, cayó un granizo que arruinó las cosechas y derribó árboles. Grandes enjambres de langostas se comieron todas las plantas, y tres días de una oscuridad densa y profunda envolvieron a Egipto. Solo los israelitas tenían luz. Aún así, el faraón no dejó ir al pueblo de Dios.

   Por último, Dios envió la plaga más terrible de todas. Sin embargo, le indicó a Moisés cómo mantener a salvo a los israelitas. «Sacrifiquen una oveja o una cabra y pinten el marco de sus puertas con la sangre del animalito», dijo Moisés. «Cuando Dios vea la sangre, pasará de largo por sus casas, y estarán a salvo».

A la medianoche, el Señor mató a todos los hijos mayores de Egipto, desde el hijo del faraón hasta el hijo del prisionero más pobre. Un escalofriante grito de tristeza se escuchó por todo Egipto.

«¡Váyanse!», les gritó el faraón a Moisés y a Aarón. «¡Llévense a su pueblo y sus animales y salgan de aquí!».

Los israelitas se apuraron y abandonaron Egipto. Dios los guió hacia el mar Rojo, señalándoles el camino con una columna de nube durante el día y un pilar de fuego a la noche.

Pero cuando el faraón vio que sus esclavos ya no estaban, ¡cambió de opinión! «¡Traigan los carros!», ordenó. Luego, él y todo su ejército persiguieron a los israelitas. Al verlos venir, ¡el pueblo de Dios estaba aterrorizado! Pero Moisés los tranquilizó: «No teman. ¡Dios peleará por ustedes!». Entonces, extendió su mano sobre el mar Rojo. Dios envió un poderoso viento que abrió el mar, ¡y los israelitas cruzaron por tierra seca!

Los egipcios entraron al mar para perseguirlos, pero Dios hizo que sus carros se desviaran y chocaran. Moisés volvió a extender su mano, y el Señor cerró las aguas. ¡Todo el ejército del faraón se ahogó en el mar!

¡El pueblo de Dios se salvó!

Dios usó milagros increíbles para rescatar a su pueblo de la esclavitud en Egipto. Muchos años después, Jesús usó maravillosos milagros para mostrar que verdaderamente era el Hijo de Dios que había venido a rescatar a su pueblo de la esclavitud al pecado.

El pecado ya no es más su amo, porque ustedes ya no viven bajo las exigencias de la ley. En cambio, viven en la libertad de la gracia de Dios.
—Romanos 6:14

El niño y el gigante

Tomado de 1 Samuel 16-17

Esta es la historia de un pastorcito que se enfrentó a un gigante, y de cómo confió en que Dios lo salvaría.

Los israelitas querían un rey, así que Dios les dio a Saúl. Al principio, Saúl fue un buen rey. Pero más adelante, empezó a desobedecer a Dios. Entonces, el Señor decidió escoger un nuevo rey.

«Ve a Belén», le dijo Dios a su profeta, Samuel. «Allí, busca a un hombre llamado Isaí. He elegido a uno de sus hijos para que sea el nuevo rey de Israel. Te mostraré quién es».

Entonces, Samuel fue a Belén. Cuando vio al hijo mayor de Isaí, Samuel pensó: *¡Seguramente, este es el nuevo rey!*

Pero Dios le dijo: «No, no es él. Solo puedes ver lo que hay por fuera, pero yo veo el corazón del hombre».

Entonces, Isaí trajo a su segundo hijo para que Samuel lo viera. Después, trajo al siguiente… y al siguiente. Siete hijos desfilaron frente a Samuel. Y cada vez, Dios dijo «no».

«¿Tienes otros hijos?», preguntó Samuel.

Entonces, Isaí envió a buscar a su hijo menor, David, que estaba cuidando las ovejas.

Cuando David llegó, Dios dijo: «¡Ese es! Úngelo». Samuel tomó un cuerno lleno de aceite y lo derramó sobre David. Desde ese día, el Espíritu del Señor estuvo con David.

Por otro lado, el Espíritu de Dios dejó a Saúl, y un espíritu malo comenzó a atormentarlo.

«La música te hará sentir mejor», dijeron los siervos de Saúl. «Busquemos a alguien que toque el arpa para ti».

Un siervo recordó que David tocaba el arpa y lo mandó a buscar. Cuando el espíritu malo molestaba a Saúl, David tocaba el arpa y el rey se sentía mejor. Entonces, David iba y venía de cuidar las ovejas a tocar para Saúl.

En ese momento, Israel estaba en guerra con los filisteos. El ejército filisteo se había reunido en una colina, mientras Saúl y los israelitas estaban frente a ellos, en otra colina.

Los filisteos tenían un guerrero que se llamaba Goliat, ¡y era un gigante! Medía casi tres metros de altura. ¡Su armadura pesaba más de 50 kilos! Llevaba una inmensa espada de bronce y una lanza con una pesada punta de acero.

Un día, Goliat salió del campamento y gritó: «¡No hace falta que todos peleemos! Escojan a un hombre para luchar contra mí. Si gana, seremos sus siervos. Pero si yo gano, ustedes serán nuestros esclavos».

¡Saúl y los israelitas estaban aterrorizados! Nadie se animaba a pelear con Goliat.

Todas las mañanas y todas las tardes, durante 40 días, Goliat salió a anunciar a gritos su desafío; pero nadie se animaba a pelear contra él.

Los tres hijos mayores de Isaí estaban en la batalla con Saúl. Un día, Isaí le dijo a David que fuera a ver cómo estaban sus hermanos. David llegó al campamento y encontró a sus hermanos justo cuando Goliat salía a burlarse. Escuchó los gritos del gigante y vio cómo los israelitas temblaban de miedo.

«¿Quién es este filisteo que desafía al ejército del Dios vivo?»,
quiso saber David.

El rey Saúl se enteró de lo que había dicho David y lo mandó a buscar.

«¡Yo pelearé contra Goliat!», le dijo David a Saúl.

«No puedes pelear contra un gigante», respondió Saúl. «¡Eres un muchachito!». Pero David respondió: «Cuando un león o un oso ataca las ovejas de mi padre, lo agarro de la piel y lo derribo.

Lo mismo haré con este gigante. Dios me salvó del león y del oso, y también me salvará de Goliat».

Saúl accedió a dejarlo pelear y le dio su propia armadura para protegerse. David se la colocó e intentó caminar. «¡Es imposible caminar con esto!», exclamó y se la quitó. En cambio, David tomó tu propia vara y una honda. Luego, después de colocar cinco piedras lisas en su bolsa de pastor, fue a enfrentarse con Goliat.

Cuando el gigante lo vio venir, preguntó: «¿Acaso soy un perro que vienes a luchar conmigo con palos?».

Pero David respondió: «Tú vienes a mí con lanza y espada, ¡pero yo peleo en el nombre de Dios! Él te entregará en mis manos hoy».

David corrió hacia Goliat. Mientras corría, metió una piedra en su honda. Hizo girar y girar la honda… y en el momento justo, la soltó, y la piedra salió volando por el aire. La piedra le pegó justo en la frente a Goliat, ¡y el gigante se cayó de cara al suelo!

Cuando los filisteos vieron que su héroe había muerto, salieron corriendo. Los israelitas dieron un grito de guerra y los persiguieron.

Así fue como Dios usó a David, un joven pastorcito, para vencer al feroz gigante Goliat.

En David, vemos una fe valiente en el poder de Dios. También podemos vislumbrar al Rey que vendría más adelante, a quien nadie esperaba ni hubiera elegido para obtener la victoria: Jesús. Gracias a Su muerte y Su resurrección, es poderoso para salvar.

… Aquí en el mundo tendrán muchas pruebas y tristezas;
pero anímense, porque yo he vencido al mundo.
—Juan 16:33

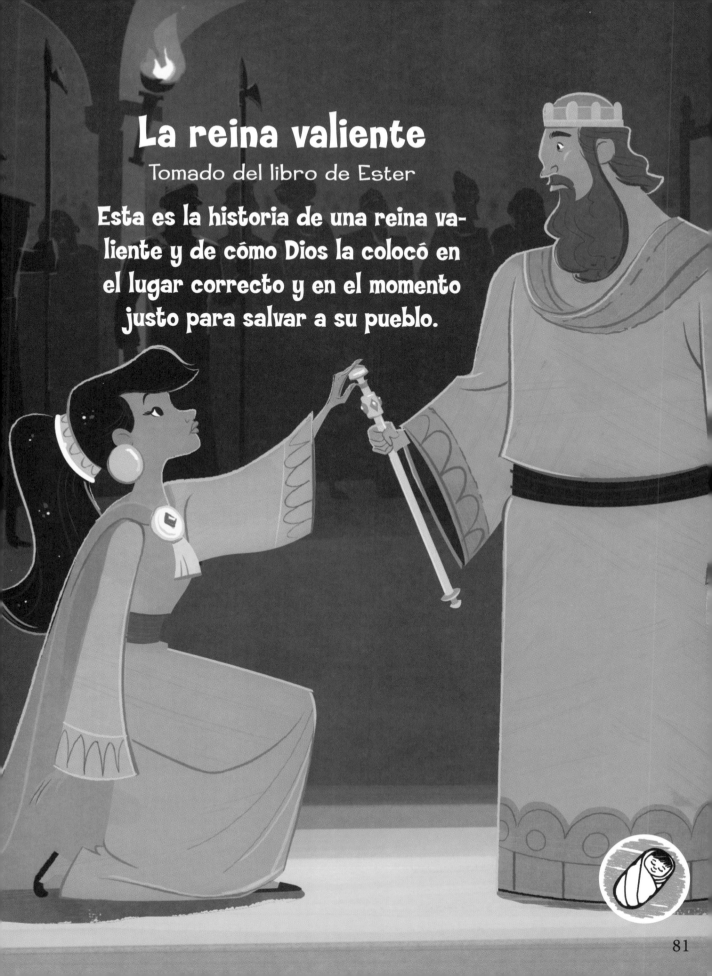

La reina valiente

Tomado del libro de Ester

Esta es la historia de una reina valiente y de cómo Dios la colocó en el lugar correcto y en el momento justo para salvar a su pueblo.

El rey Asuero estaba buscando una reina, así que todas las joven-citas hermosas del reino fueron a su palacio. Ester era una de ellas.

Ester era muy hermosa, y también era judía. Cuando fue al pala-cio, su tío Mardoqueo, le advirtió que no le dijera a nadie que era judía, porque no todos querían a los judíos.

Ester y las demás jovencitas tuvieron todo un año de tratamientos de belleza antes de poder ver al rey. Al fin, llegó el turno de Ester para ver al rey, ¡y él se enamoró de ella! Entonces, puso una corona real en su cabeza y la transformó en su reina.

Un día, Mardoqueo escuchó a dos guardias que planeaban matar al rey Asuero. Le advirtió a Ester, y ella le avisó al rey. El plan malvado no tuvo éxito, y la valentía de Mardoqueo quedó registrada en el libro de historias del rey.

Ahora bien, Amán era uno de los oficiales del rey. Todos se inclinaban cuando él pasaba… todos menos Mardoqueo. ¡Esto ponía furioso a Amán!

Entonces, decidió destruir a Mardoqueo y a todos los judíos.
Para esto, Amán le mintió al rey. «Hay gente que no obedece
tus leyes», le dijo. «Es necesario destruirlas». ¡Al rey no le gustó
que hubiera personas que le desobedecían! «Haz lo que mejor te
parezca», le dijo a Amán.

Entonces, Amán ordenó que los oficiales del rey mataran a todos
los judíos, jóvenes y viejos, el día 7 de marzo.

Cuando Mardoqueo se enteró de esta orden, se rompió la ropa y lloró amargamente. Ester envió a un siervo para averiguar qué le pasaba, y Mardoqueo le respondió con un mensaje: «Dile a la reina que debe ir a ver al rey y rogarle que salve a su pueblo».

Pero Ester dijo: «Si voy a ver al rey sin que me llame, ¡puede mandarme a matar! Solo si el rey extiende su cetro de oro sobre mí, viviré».

Mardoqueo respondió: «¡No creas que escaparás solo porque vives en el palacio! ¿Quién sabe? Tal vez Dios te hizo reina para que pudieras salvar a tu pueblo». Entonces, Ester mandó a pedirle a Mardoqueo que reuniera a todos los judíos y ayunaran durante tres días. «Mis siervos y yo también ayunaremos», dijo la reina. «Después, iré a ver al rey. Y si tengo que morir, que así sea». Mardoqueo hizo lo que Ester le pidió.

Al tercer día, Ester se vistió con sus mejores ropas reales. Temblando, fue a ver al rey. Cuando el rey la vio, extendió su cetro de oro y le dijo: «¿Qué sucede, reina Ester? Te daré lo que me pidas, hasta la mitad de mi reino».

Ester contestó: «Me gustaría invitar al rey y a Amán a un banquete hoy».

Al rey le agradó la invitación. En el banquete, volvió a decirle a Ester: «Te daré lo que me pidas, hasta la mitad de mi reino». Pero Ester solo respondió: «Quiero invitarlos a ti y a Amán a otro banquete mañana. Entonces, te diré lo que quiero».

Amán se fue del palacio muy contento ese día. ¡Lo habían invitado a *dos* banquetes reales! Sin embargo, mientras iba a su casa, vio a Mardoqueo y se llenó de enojo otra vez. Cuando le contó a su esposa y a sus amigos lo que había sucedido, le respondieron: «Construye una horca y pídele al rey que cuelgue allí a Mardoqueo». A Amán le gustó esa idea.

Esa noche, el rey Asuero no podía dormir, así que un siervo le leyó la historia de cómo Mardoqueo le había salvado la vida. «¿Qué se hizo para honrar a Mardoqueo?», preguntó el rey.

«Nada», respondieron sus siervos.

Entonces, el rey le preguntó a Amán: «¿Cómo puede el rey honrar a un hombre?».

Como Amán pensó que el rey quería honrarlo a *él*, respondió: «Vístalo con la túnica del rey y colóquelo sobre su caballo real. Luego, que el oficial más noble del rey lo lleve a desfilar por la plaza de la ciudad».

Esto le agradó al rey, así que le ordenó: «Haz exactamente lo que dijiste con Mardoqueo». Amán obedeció, ¡pero no le gustó para nada!

En el segundo banquete de Ester, el rey le repitió a la reina:

—Te daré lo que me pidas, hasta la mitad de mi reino.

Esta vez, Ester respondió: —Por favor, ¡salva mi vida y la vida de mi pueblo!

¡El rey Asuero no podía creerlo!

—¿Quién se atreve a amenazar a la reina?

—¡Amán! —exclamó Ester.

El rey estaba tan enojado que salió corriendo de la sala.

Amán se arrodilló donde estaba Ester, y le rogó que le salvara la vida. Cuando el rey volvió, vio a Amán. «¿Cómo te atreves a lastimar a la reina en mi propio palacio?», gritó.

Entonces, un siervo dijo: «En la casa de Amán, hay una horca. La construyó para colgar a Mardoqueo».

«¡Cuelguen a Amán allí!», ordenó el rey. Entonces, fueron y lo colgaron.

La reina Ester habló con valentía con el rey para que salvara a su pueblo. Jesús también le habla al Rey a favor de Su pueblo, y le pide que nos proteja y nos perdone.

«… Padre santo, tú me has dado tu nombre; ahora protégelos
con el poder de tu nombre…».
—*Juan 17:11*

El nacimiento de un Rey

Tomado de Lucas 1-2

Esta es la historia del maravilloso plan de Dios para salvar a Su pueblo y de cómo este plan incluía a un bebito.

El ángel Gabriel era uno de los mensajeros especiales de Dios. Un día, Dios lo envió a ver a una mujer llamada María, que vivía en el pueblo de Nazaret. Gabriel se apareció de repente y le dijo a María: «¡Alégrate! El Señor está contigo». ¡María se asustó! Nunca antes había visto un ángel. «No tengas miedo», la calmó Gabriel. «Dios está muy contento contigo. Tendrás un hijo, y lo llamarás Jesús. Será llamado el Hijo del Dios Altísimo».

«¿Pero cómo puedo tener un hijo?», preguntó María. «Todavía no estoy casada». «El niño será el Hijo de Dios», le dijo Gabriel. «¿Recuerdas a tu parienta Elisabet? Nadie pensó que podía tener un hijo, pero ahora tendrá un bebé. ¡No hay nada imposible para Dios!».

Entonces, María dijo: «Que todo suceda tal como dijiste».

Cuando el ángel se fue, María quiso visitar a Elisabet, así que viajó de inmediato a la ciudad donde vivía. Cuando María entró a la casa de su parienta, la llamó. Al oír la voz de María, ¡el bebé de Elisabet saltó de gozo en el vientre de su mamá! María se quedó con Elisabet durante tres meses antes de volver a Nazaret.

María estaba comprometida para casarse con José, que era de la familia del rey David. Cuando José descubrió que María tendría un bebé, se puso muy triste, pero era un hombre amable y no quería avergonzarla en frente de todos.

Entonces, decidió decirle a María solamente que ya no se casaría con ella.

Cuando José tomó esta decisión, se le apareció un ángel en un sueño. «Acepta a María como tu esposa», le dijo el ángel. «El bebé es de Dios, y lo llamarás Jesús. Él salvará a Su pueblo de sus pecados».

Cuando José se despertó, hizo exactamente lo que el ángel le había indicado: se casó con María.

Poco después, Augusto César ordenó que todos fueran a la ciudad donde habían nacido para contarlos en un censo. Entonces, José viajó a Belén, la ciudad de David, porque era de la familia de David. La llevó también a María, y fueron allí para que los contaran.

Mientras estaban en Belén, llegó el momento de que María tuviera su bebé. Como no había lugar para ellos en ninguna parte, María y José encontraron refugio donde guardaban los animales. María tuvo allí a su bebé y lo envolvió con telas para que estuviera bien cómodo. Entonces, lo acostó en un pesebre.

Cerca de allí, algunos pastores estaban en el campo cuidando sus ovejas durante la noche. De repente, un ángel del Señor se les apareció y dijo: «¡No tengan miedo! Les traigo buenas noticias para toda la gente. Hoy ha nacido un Salvador para ustedes en la ciudad de David. Lo encontrarán envuelto en pañales y acostado en un pesebre».

Entonces, el cielo se llenó de ángeles que alababan a Dios y decían: «¡Gloria a Dios en el cielo, y paz en la tierra para toda la gente!».

Los pastores se dijeron: «¡Tenemos que ir a conocer a este niño!».
Y fueron rápidamente a Belén. Allí, encontraron a María y a José
con el bebé, acostado en un pesebre, tal cual había anunciado el
ángel.

Los pastores le dijeron a María y a José lo que los ángeles les
habían anunciado sobre el niño. María escuchó con atención y
atesoró estas palabras en su corazón.

Al tiempo, unos sabios del oriente fueron a Jerusalén. «¿Dónde está el rey de los judíos que nació?», preguntaron. «Vimos Su estrella y hemos venido a adorarlo».

En esa época, Herodes era el rey, y la noticia de este nuevo rey lo preocupó mucho. *¡Yo soy el rey!*, pensó. Entonces, reunió a los principales sacerdotes y escribas y les preguntó adónde nacería el Salvador.

«En Belén», le dijeron.

Herodes llamó a los sabios y les dijo: «Vayan a buscar al niño. Cuando lo encuentren, avísenme para que yo también pueda ir a adorarlo».

Entonces, los sabios emprendieron su camino, y siguieron la estrella hasta la casa donde estaba Jesús. Cuando lo vieron, cayeron de rodillas, lo adoraron y le dieron regalos de oro, incienso y mirra. Después, como soñaron que no debían volver a ver a Herodes, regresaron a su país por otro camino.

Cuando los sabios se fueron, un ángel del Señor volvió a aparecerse a José en un sueño. «¡Levántate!», dijo el ángel. «¡Herodes quiere destruir al niño! Toma a Jesús y a María y huyan a Egipto». Entonces, José se levantó esa misma noche y escapó con María y Jesús a Egipto. Se quedaron allí hasta que murió el rey Herodes.

Desde el principio del mundo, Dios planeó enviar a Su Hijo para salvar a Su pueblo. Pero Jesús no vino como un Rey grande y poderoso a gobernar sobre la tierra. Vino como un bebé pequeñito para reinar en nuestros corazones.

«Ama al SEÑOR tu Dios con todo tu corazón, con toda tu alma, con toda tu mente y con todas tus fuerzas».
—Marcos 12:30

Jesús crece

Tomado de Mateo 2-4 y Lucas 2-6

Esta es la historia de cómo Jesús creció y comenzó la tarea de salvar a Su pueblo, ya que era el Hijo de Dios.

Para escapar del malvado rey Herodes, un ángel le dijo a José que huyera a Egipto con Jesús y María. Pasaron los años y el rey murió. Luego, un ángel volvió a aparecerse a José en un sueño y le dijo: «¡Levántate! Ya puedes salir de Egipto. Toma a Jesús y a Su madre y vuelvan a Israel».

Entonces, José se despertó y obedeció.

La familia se instaló en el pueblo de Nazaret, en la zona de Galilea, que estaba en Israel. Allí fue donde Jesús creció.

Cada año, María y José viajaban hasta la ciudad de Jerusalén para celebrar la fiesta de la Pascua. Cuando Jesús tenía doce años, los acompañó. Después de la fiesta, María y José comenzaron el largo viaje a casa. Viajaban con un gran grupo de familiares y amigos, y pensaron que Jesús estaba con ellos… ¡pero no era así!

Después de un día entero, María y José descubrieron que Jesús no estaba. Corrían de un lado al otro preguntándoles a sus amigos y familiares: «¿Han visto a Jesús?». ¡Pero nadie lo había visto! Así que volvieron rapidísimo a Jerusalén para buscarlo allí.

María y José buscaron a Jesús por toda la ciudad. Fueron a todas partes para encontrarlo, ¡pero no estaba por ningún lado! Por fin, después de tres días de buscarlo, lo encontraron. Jesús estaba sentado en el templo, escuchando a los maestros y haciéndoles preguntas.

«¡Jesús!», dijo María. «¡Tu padre y yo te estuvimos buscando por todos lados! ¿Cómo nos hiciste esto?». Pero Jesús respondió: «¿Por qué me estaban buscando? ¿Acaso no saben que tenía que estar en la casa de mi Padre?».

María no entendió bien lo que significaban las palabras de Jesús, pero las guardó en su corazón para pensar en ellas más tarde. Jesús volvió a Nazaret con Sus padres y les obedeció en todas las cosas. Cada día crecía más y más, y se hacía muy sabio, y agradaba a Dios y a las personas.

Juan, el hijo de Elisabet, que era la parienta de María, también había crecido. Juan se fue al desierto para predicar sobre el Salvador que venía. Les dijo a las personas que tenían que bautizarse para mostrar que estaban arrepentidas de sus pecados. (Por eso lo llamaban Juan el Bautista). Algunas personas le preguntaron a Juan si él era el Salvador. «¡No!», contestó Juan. «Yo solo bautizo con agua, pero Él los bautizará con el Espíritu Santo. Yo no sirvo ni para desatarle las sandalias».

Entonces, un día, Jesús le pidió a Juan que lo bautizara. Juan le respondió: «¡No! ¡Tú deberías bautizarme a mí!».

«Así tiene que ser», le dijo Jesús.

Entonces, Juan bautizó a Jesús en el río Jordán. Mientras Jesús salía del agua, los cielos se abrieron y el Espíritu de Dios descendió sobre Jesús como una paloma. La voz de Dios habló desde el cielo y anunció: «¡Este es mi Hijo amado!».

El Espíritu Santo vino y llevó a Jesús al desierto. Durante 40 días y 40 noches, Jesús no comió nada de nada. Después de eso, ¡tenía mucha hambre! Entonces, vino el diablo a tentarlo, y le dijo: —Si en verdad eres el Hijo de Dios, transforma estas piedras en pan.

Pero Jesús le respondió: —Escrito está: «El hombre no vive solo de pan, sino de toda palabra que sale de la boca de Dios».

Después, el diablo llevó a Jesús a la ciudad de Jerusalén. Se pararon sobre la parte más alta del templo, y el diablo le dijo: —Si de verdad eres el Hijo de Dios, arrójate desde este templo. Porque escrito está: «Sus ángeles te sostendrán para que ni siquiera tu pie se lastime con una piedra».

Pero Jesús le respondió: —También está escrito: «No probarás al Señor tu Dios».

Entonces, el diablo llevó a Jesús a una montaña alta y le mostró los reinos del mundo y su esplendor.

—Si me adoras, te daré todas estas cosas —le dijo el diablo.

Jesús exclamó: —«¡Sal de aquí, Satanás!» Porque escrito está: «Adorarás al Señor tu Dios, y solo a Él lo servirás».

Entonces, el diablo se fue, y vinieron ángeles a servir a Jesús.

Jesús volvió a Galilea y empezó a enseñarle a la gente sobre Dios. Estaba lleno del poder del Espíritu Santo, y todos se sorprendían por Sus palabras.

Cuando llegó la hora de elegir a Sus discípulos, Jesús subió a una montaña solo. Durante toda la noche oró a Dios, y a la mañana siguiente eligió a doce hombres para que fueran Sus discípulos. Se llamaban Pedro, Andrés, Santiago, Juan, Felipe, Bartolomé, Mateo, Tomás, Santiago el hijo de Alfeo, Tadeo, Simón y Judas (el que lo iba a traicionar).

Jesús vino a la tierra como un bebé y creció… igual que tú. Seguramente, se golpeó la cabeza y se raspó las rodillas… igual que tú. Y cuando Jesús se veía tentado a hacer algo malo, ¡usaba la Palabra de Dios para vencer al diablo! Hizo lo que nosotros no podemos hacer: cumplir a la perfección los mandamientos de Dios.

Vete de aquí, Satanás —le dijo Jesús—, porque las Escrituras dicen:
«Adora al SEÑOR tu Dios y sírvele únicamente a él».
—Mateo 4:10

Jesús le enseña a la gente

Tomado de Mateo 5-7

Esta es la historia de algunas de las enseñanzas más importantes de Jesús y de cómo esas enseñanzas pueden cambiar vidas hoy.

Muchísima gente se reunía a escuchar a Jesús. Todos habían oído sobre Él y los milagros que había hecho, y querían verlo y escucharlo en persona. Cuando Jesús vio a las multitudes, subió a una montaña, se sentó y comenzó a enseñar.

Sorprendió a todos al decir que Dios bendice a las personas humildes y amables del mundo. Los que son misericordiosos, puros de corazón y pobres de espíritu también reciben bendición.

Pero Jesús advirtió que algunas personas dirían cosas malas sobre ellos y hasta los tratarían mal por creer en Dios. «Sin embargo», dijo Jesús, «serán bendecidos por eso, ¡y su recompensa en el cielo será muy grande!».

«Ustedes son la sal de la tierra y la luz del mundo», enseñó
Jesús. «Nadie enciende una lámpara y la esconde bajo un canasto donde no se la ve brillar. ¡No! La lámpara se coloca bien alto
para que la luz llene toda la casa.

»De la misma manera, las cosas buenas que hagan brillarán en el mundo como una luz radiante. Tienen que mostrarles a todos la bondad del Dios del cielo».

«Algunos dicen que tienen que amar a su vecino y odiar a sus enemigos», enseñó Jesús. «Pero yo les digo: amen a sus enemigos y oren por los que les hacen mal. Eso es lo que hacen los hijos de Dios.

»Después de todo, si solo aman a los que los aman, ¿qué los diferencia como hijos de Dios? Y si solo les hablan a los que quieren hablar con ustedes, ¿acaso no son iguales que todos los demás? ¡Cualquiera puede hacer eso! Quiero que amen a los que son amables con ustedes y a sus enemigos también».

Jesús también enseñó sobre la manera correcta de ofrendar: «Deben tener cuidado a la hora de ofrendar», advirtió. «No les den a los pobres solo para que los demás los vean. Algunas personas incluso hacen sonar trompetas cuando ofrendan, para que todos los elogien. ¡No sean como ellos!

»Ellos ya tienen su recompensa de parte de la gente, así que Dios no los recompensará.

»Cuando les des algo a los pobres, no dejes que nadie te vea. Dios sí te verá, y Él será el que te recompense».

«Y ten cuidado al orar», enseñó Jesús. «A algunos les encanta pararse donde todos pueden verlos. No ores para que los demás te vean. Entra a un lugar tranquilo, cierra la puerta y ora en secreto. Dios te escuchará y te recompensará. Además, no digas muchas palabras, repitiéndolas una y otra vez. Dios sabe lo que necesitas, ¡incluso antes de que se lo pidas! Entonces, tienes que orar así:

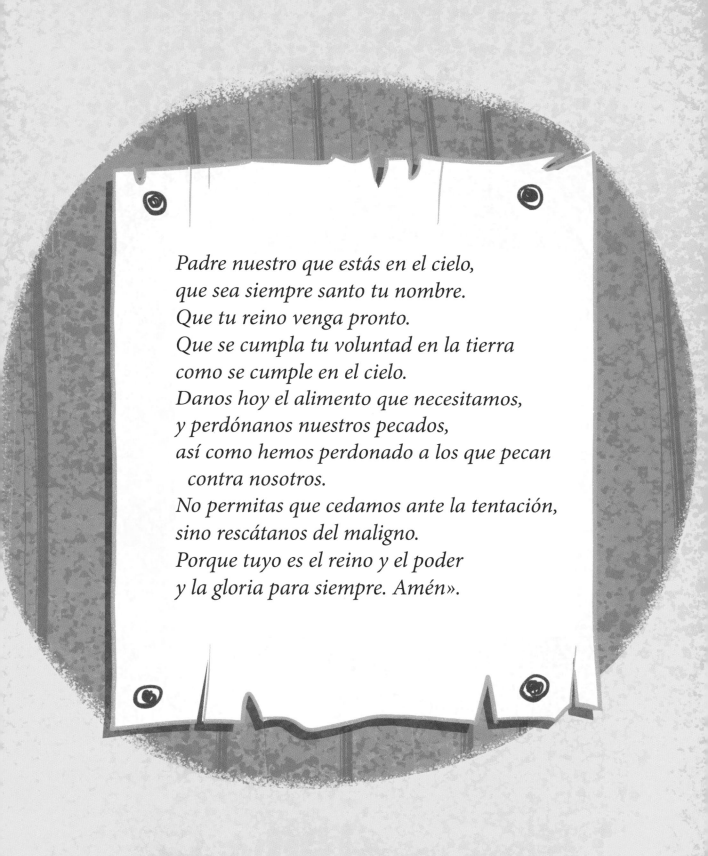

Padre nuestro que estás en el cielo,
que sea siempre santo tu nombre.
Que tu reino venga pronto.
Que se cumpla tu voluntad en la tierra
como se cumple en el cielo.
Danos hoy el alimento que necesitamos,
y perdónanos nuestros pecados,
así como hemos perdonado a los que pecan
  contra nosotros.
No permitas que cedamos ante la tentación,
sino rescátanos del maligno.
Porque tuyo es el reino y el poder
y la gloria para siempre. Amén».

«No se preocupen por conseguir muchos tesoros aquí en la tierra», dijo Jesús. «A esos tesoros se los pueden robar los ladrones, se los pueden comer las polillas o se pueden oxidar. Acumulen tesoros en el cielo, haciendo lo que Dios dice. ¡A esos tesoros no se los pueden robar ni se destruyen jamás!

»Además, no se preocupen por lo que van a comer, a beber o por la ropa que se pondrán», enseñó Jesús. «Miren los pájaros: no plantan comida, sino que Dios los alimenta. Y observen las flores: ni siquiera el rey Salomón se vistió con ropa más bella que ellas. ¡Y ustedes valen mucho más que las aves o las flores!

»Si obedecen a Dios y lo ponen en el lugar más importante de sus vidas, Él los cuidará», prometió Jesús.

Después, Jesús habló sobre dos clases de constructores: «El que obedece lo que yo enseño es como un hombre sabio que construyó su casa sobre la roca. Llovió muchísimo y había agua por todas partes. El viento rugía, aullaba y golpeaba contra la casa. Pero esta casa no se cayó, porque estaba edificada sobre la roca».

Jesús advirtió: «Pero el que no obedece mis palabras se parece al hombre imprudente que construyó su casa sobre la arena. Llovió muchísimo y había agua por todas partes. El viento rugió, aulló y golpeó contra su casa… ¡y la casa se desplomó!».

Jesús enseñó muchas cosas ese día, y las personas quedaban maravilladas por Sus palabras.

Jesús no enseñaba como los demás maestros; ¡enseñaba con el poder de Dios! Y tampoco enseñaba lecciones comunes y corrientes. Jesús enseñaba que la verdadera justicia viene de adentro. Ninguno de nosotros es justo por dentro. Somos pecadores, pero cuando confiamos en Jesús y en la vida perfecta que *Él* vivió, Dios nos cambia de adentro hacia afuera.

«Yo soy el camino, la verdad y la vida;
nadie puede ir al Padre si no es por medio de mí».
—Juan 14:6

Dos milagros

Tomado de Mateo 14; Marcos 6; Lucas 9; Juan 6

Esta es la historia de dos grandes milagros y de cómo Jesús demostró que verdaderamente era el Hijo de Dios y tenía poder sobre la naturaleza.

Jesús envió a Sus discípulos a enseñarles a las personas sobre el reino de Dios que vendría. Cuando regresaron, quisieron contarle todo lo que habían visto, escuchado y hecho; pero había personas que iban y venían por todas partes. ¡Los discípulos ni siquiera tuvieron tiempo para comer! Jesús se dio cuenta de que estaban cansados y hambrientos, así que les dijo: «Vayamos a un lugar tranquilo para poder descansar».

Como estaban cerca del mar de Galilea, se metieron en un barco y navegaron hacia el otro lado del mar. Pero como las personas vieron adónde iban, corrieron por la costa hasta que llegaron al otro lado… ¡y llegaron antes que Jesús y Sus discípulos!

Jesús salió del barco y vio a toda la gente. Entonces, tuvo compasión de ellos, porque eran como ovejas sin pastor. Así que empezó a sanar a los enfermos y a enseñarles.

El lugar donde Jesús estaba enseñando estaba en el campo, lejos de las ciudades. Cuando llegó la noche, los discípulos fueron a ver a Jesús y le dijeron: «Este lugar es un desierto, y ya es tarde. Despide a la gente, para que pueda volver a los pueblos y comprar comida».

«No es necesario que se vayan», les dijo Jesús. «Ustedes denles algo para comer».

Pero Felipe, uno de los doce discípulos, respondió: «¡Necesitaríamos el sueldo de más de un año para comprar un poquito de pan para tantas personas!». (Porque había unos 5.000 hombres reunidos allí, además de todas las mujeres y los niños).

Entonces, Jesús preguntó: «¿Cuántos panes tienen? Vayan y vean». Después de buscar, uno de los discípulos, llamado Andrés (el hermano de Pedro), dijo: «Aquí hay un muchacho que tiene cinco pancitos y dos peces. ¿Pero cómo podemos alimentar a tantas personas con tan poca comida?».

Jesús dijo con sencillez: «Tráiganmelos».

En ese lugar, había un césped mullido, así que Jesús les indicó a los discípulos: «Díganles a todos que se sienten en grupos de unas 50 personas».

La gente se sentó y esperó para ver qué sucedería. Jesús tomó los cinco panes y los dos peces, miró al cielo y dio gracias por los alimentos. Partió los panes y se los dio a los discípulos, y los discípulos los repartieron entre la multitud. Jesús también dividió los peces entre las personas.

Todos comieron tanto como quisieron. Y, al final, los discípulos juntaron doce canastas llenas de sobras… ¡todo eso de cinco pancitos y dos peces!

Después, Jesús les dijo a los discípulos que volvieran al barco. Quería que cruzaran al otro lado mientras Él se quedaba saludando a toda la gente.

Cuando todos se fueron, Jesús subió a una montaña a orar solo. Al caer la noche, no había nadie allí. El barco de los discípulos ya estaba en el medio del mar. El viento había empezado a soplar, el mar estaba agitado y las olas golpeaban el barco.

Alrededor de las tres de la mañana, Jesús se acercó caminando al barco donde estaban los discípulos. ¡Estaba caminando sobre el agua! Cuando los discípulos lo vieron, se llenaron de miedo. «¡Es un fantasma!», gritaron aterrorizados.

Pero Jesús les respondió: «¡Ánimo! Soy yo. ¡No tengan miedo!». *¿Es posible que sea Jesús?*, se preguntaron los discípulos.

«Señor, si de verdad eres tú, mándame que vaya hacia ti sobre el agua», exclamó Pedro.

«¡Ven!», dijo Jesús.

Entonces, Pedro salió con cuidado del barco. Primero, puso un pie sobre el agua, y luego el otro. ¡Pedro también estaba caminando sobre el agua! Pero cuando miró a su alrededor, vio el viento y las olas. Tuvo miedo, y empezó a hundirse. Aterrorizado, Pedro clamó: «¡Señor, sálvame!». De inmediato, Jesús extendió la mano y sacó a Pedro. «¿Por qué dudaste?», le preguntó Jesús.

Jesús y Pedro subieron al barco. Apenas lo hicieron, el viento dejó de aullar y el mar se calmó. Los discípulos adoraron a Jesús y dijeron: «¡De verdad eres el Hijo de Dios!».

Jesús no era un hombre común y corriente. ¡Era y es el Hijo de Dios! Estaba con Dios antes de que la tierra existiera, y como el Hijo de Dios, Jesús tiene poder sobre toda la creación. ¡Y la buena noticia es que el que controla la creación es el mismo que nos ama a ti y a mí!

[Jesús] existía en el principio con Dios.
Dios creó todas las cosas por medio de él, y nada fue creado sin él.
—Juan 1:2-3

Encontrar a los perdidos

Tomado de Lucas 15

Estas tres historias nos cuentan cómo encontraron algo que se había perdido y cómo Dios busca a los que se alejan.

Jesús vino a enseñarles a las personas sobre el reino de Dios…
en especial a las que eran pecadoras. Sin embargo, esto no les gustaba a todos… en especial, a los fariseos y los escribas. Un día, los fariseos y los escribas estaban quejándose de Jesús. «¡Habla con los pecadores!», exclamaban. «¡Y hasta come con ellos!».

Entonces, Jesús les contó esta parábola (una historia con un significado especial):

«Si un hombre tiene 100 ovejas y pierde una, ¿qué hace? Deja a las 99 para buscar a la que se le perdió. Cuando la encuentra, la coloca sobre sus hombros y la lleva muy contento a su casa. Luego, llama a todos sus amigos y vecinos, y les dice: "¡Vengan a celebrar conmigo! ¡Encontré a la oveja que se había perdido!"

»Lo mismo sucede en el cielo. Hay más alegría por un pecador que se vuelve a Dios que por 99 que no se alejaron de Él».

Entonces, Jesús preguntó: «Si una mujer tiene diez monedas de plata y pierde una, ¿qué hace? Enciende una lámpara, barre toda la casa y busca por todas partes hasta que la encuentra. Y cuando por fin la encuentra, llama a todos sus amigos y vecinos y les dice: "¡Alégrense conmigo! ¡Encontré mi moneda!"».

«De la misma manera», les dijo Jesús a los fariseos y escribas, «los ángeles del cielo celebran por un pecador que se vuelve a Dios».

Después, Jesús relató esta parábola sobre un padre y sus dos hijos: «Un hombre tenía dos hijos. Un día, el más joven le dijo a su padre: "Padre, dame mi parte de tu fortuna ahora". El padre se puso muy triste, pero le dio al hijo la parte que le correspondía de la fortuna familiar.

«Viajó a un país muy lejano, donde malgastó todo su dinero en una vida muy imprudente».

«Cuando el joven gastó todo su dinero, hubo un hambre terrible en esa tierra. El muchacho no tenía dinero, comida ni amigos, y tuvo que ir a trabajar en el campo alimentando a los cerdos. Tenía *tanta* hambre que deseaba comer el alimento de los chanchos, ¡pero ni siquiera le daban eso!

»Un día, el hijo pensó: "Me estoy muriendo de hambre, pero en mi casa, ¡hasta los siervos de mi padre tienen mucha comida! Volveré y le diré a mi padre: 'Padre, he pecado contra ti y contra el cielo. No soy digno de ser llamado tu hijo. Solo permíteme ser uno de tus siervos'". Entonces, el hijo se levantó y emprendió el largo viaje de regreso a su casa».

«Mientras el muchacho todavía estaba lejos, su padre lo vio venir y se le llenó el corazón de amor y compasión. El padre corrió a él, lo abrazó fuerte y lo besó.

»"Padre", le dijo el joven, "he pecado contra ti y contra el cielo. No soy digno de ser llamado tu hijo".

»Sin embargo, su padre llamó a los siervos y dijo: "¡Rápido! Traigan la mejor túnica y colóquensela a mi hijo. Pónganle un anillo en el dedo y sandalias en los pies. Después, maten al ternero engordado, ¡y hagamos una gran fiesta para celebrar! Había perdido a mi hijo, ¡pero ahora lo encontré!". Entonces, todos celebraron».

«El hijo más grande, que había estado en el campo, regresó y escuchó la música y vio a todos bailando. "¿Qué pasa?", les preguntó a los sirvientes.

»"¡Tu hermano menor ha vuelto a casa!", le contestaron. "Y tu padre hizo una gran fiesta para celebrar porque su hijo volvió sano y salvo".

»Pero el hermano mayor no estaba contento… ¡estaba furioso! No quiso saber nada con ir a la fiesta. Su padre salió y le rogó que

entrara a la fiesta, pero el hermano le dijo: "Yo trabajé para ti durante años. Siempre hice todo lo que me pediste, pero nunca me
diste ni siquiera un cabrito para festejar con mis amigos. Y cuando
este hijo que se llevó tu dinero y se fue vuelve a casa, ¡haces una
gran fiesta en su honor!". "Hijo mío", le respondió el padre, "todo
lo que tengo te pertenece. Pero teníamos que celebrar. Había perdido a tu hermano, ¡pero ahora lo encontré!"».

Jesús no vino a salvar solo a las personas buenas o a los que ya conocían a Dios. Vino a salvar a todos los que se alejen del pecado y confíen en Él. Incluso cuando todavía éramos pecadores, Él murió por ti y por mí. Ahora, nos pide que confiemos en Él como Salvador y le obedezcamos como Señor.

Pues el Hijo del Hombre vino a buscar y a salvar
a los que están perdidos.
—Lucas 19:10

Jesús salva a Su pueblo

Tomado de Mateo 21-28; Marcos 11-16;
Lucas 19-24; Juan 12-20; Hechos 1

Esta es la historia de los últimos días de
Jesús en la tierra y de cómo el Hijo de
Dios rescató a Su pueblo del pecado.

Jesús y Sus discípulos viajaron a Jerusalén por última vez. Jesús había hecho muchas cosas maravillosas, pero los principales sacerdotes y escribas estaban muy enojados con Él... tan enojados que querían matarlo.

Jesús se detuvo en un pequeño pueblo en el camino y les dijo a dos de Sus discípulos: «Entren al pueblo. Allí encontrarán a un burrito atado que nadie ha montado jamás. Tráiganmelo, y si alguno les pregunta qué están haciendo, díganle que el Señor lo necesita».

Los discípulos encontraron al burrito. Mientras lo desataban, algunos preguntaron qué estaban haciendo. «El Señor lo necesita», respondieron, y los dejaron ir en paz.

176

Jesús entró a Jerusalén montado sobre el burrito. Una gran multitud había salido a verlo. Cubrieron el camino con sus túnicas y con ramas de palmera, y gritaban: «¡Hosanna! ¡Bendito es el que viene en el nombre del Señor!».

Cuando llegó el momento de la Pascua, Jesús cenó con Sus doce discípulos. Tomó algo de pan, dio gracias y lo repartió entre ellos. «Tomen y coman», dijo Jesús. «Este es mi cuerpo, que yo entrego por ustedes». Después, tomó una copa, dio gracias y se la entregó a ellos. «Esta es mi sangre», dijo. «Se derrama para perdonar los pecados».

Luego, después de cantar algunos salmos, Jesús y los discípulos
salieron. Todos menos Judas, el que traicionaría a Jesús. Él ya se
había escabullido.

Jesús y Sus discípulos fueron a un jardín llamado Getsemaní. «Esperen aquí», les dijo Jesús. Entonces, fue con Pedro, Santiago y Juan hacia el centro del jardín. «Quédense despiertos conmigo mientras oro», les pidió. Jesús fue un poco más lejos, cayó de rodillas y oró: «¡Padre! Si es posible, permite que no tenga que beber de esta copa. Pero que se haga tu voluntad y no la mía».

Cuando Jesús volvió, encontró a los discípulos dormidos. «¿No pudieron quedarse despiertos conmigo ni una hora?», les preguntó. Jesús volvió a irse a orar; y una vez más, regresó y encontró a los discípulos durmiendo. Después de orar una tercera vez, volvió y les dijo: «¿Todavía están durmiendo? ¡Levántense! Ya viene el que me va a traicionar».

En ese momento, apareció Judas con una gran cantidad de personas.
Tenían espadas y palos. Judas se acercó a Jesús y lo besó… esta era
la señal para que la multitud lo arrestara. Cuando apresaron a Jesús,
todos Sus discípulos salieron corriendo y lo dejaron solo allí.

A Jesús lo llevaron ante el sumo sacerdote.

«¡Dinos si eres el Hijo de Dios!», le gritó.

«Tú lo has dicho», respondió Jesús.

El sumo sacerdote se rompió la túnica, y la multitud exclamó: «¡Tiene que morir!». Entonces, lo abofetearon, le pegaron y le escupieron en la cara.

Al amanecer, llevaron a Jesús ante Pilato, el gobernador romano. Pilato quería liberar a Jesús, pero las multitudes gritaban: «¡Crucifícalo!». Como Pilato le tenía miedo al pueblo, mandó matar a Jesús.

Los soldados romanos armaron una corona de espinas y se la colocaron sobre la cabeza. «¡Salve, el Rey de los judíos!», se burlaban. Después, se lo llevaron de allí.

A Jesús lo llevaron a un lugar llamado Gólgota y lo clavaron en una cruz. También crucificaron a dos criminales junto a Él, uno a la derecha y otro a la izquierda. Durante tres horas, la oscuridad cubrió la tierra.

Entonces, Jesús gritó: «Dios mío, Dios mío, ¿por qué me has abandonado?». Después, entregó Su espíritu y murió. Un gran terremoto sacudió la tierra, y los soldados que vigilaban a Jesús exclamaron: «¡De verdad era el Hijo de Dios!».

Esa noche, un seguidor de Jesús llamado José de Arimatea fue a pedirle a Pilato el cuerpo de Jesús. Lo envolvió con lino fino y lo colocó en una tumba nueva. Después, cubrió la entrada a la tumba con una gran piedra y se fue. Pilato envió guardias para vigilar la tumba.

El primer día de la semana, María Magdalena y la otra María fueron a la tumba. De repente, un violento terremoto sacudió la tierra, y apareció un ángel que quitó la piedra de la entrada. ¡Los guardias se desmayaron aterrorizados!

«Jesús no está aquí», les dijo el ángel a las mujeres. «Ha resucitado, tal como dijo que lo haría. Vayan y avísenles a los discípulos».

¡Las mujeres salieron corriendo a compartir la buena noticia!

Entonces, Jesús salió a su encuentro. Las mujeres cayeron al suelo y lo adoraron. «No tengan miedo», dijo Jesús. «Vayan y díganles a los discípulos que me busquen en Galilea».

Jesús se quedó en la tierra otros 40 días y muchas personas lo vieron. Después, regresó al cielo.

Antes de volver al cielo, les dio una tarea a Sus discípulos: que fueran a compartir la buena noticia de Su reino por todo el mundo. Y Jesús te da la misma tarea a ti: ¡ve a hablarle a todos sobre Él!

«Por lo tanto, vayan y hagan discípulos de todas las naciones, bautizándolos en el nombre del Padre y del Hijo y del Espíritu Santo. Enseñen a los nuevos discípulos a obedecer todos los mandatos que les he dado…». —Mateo 28:19-20

Recuerda:

Alabaré al SEÑOR en todo tiempo; a cada momento pronunciaré sus alabanzas.
—Salmo 34:1

Lee:

Tiempo. Todos lo tienen, ¿pero lo usamos con sabiduría? En Deuteronomio 6:5, Dios revela cómo quiere que usemos nuestro tiempo. Es el más grande de todos Sus mandamientos: «Ama al SEÑOR tu Dios con todo tu corazón, con toda tu alma y con todas tus fuerzas». Cada momento, desde la mañana hasta la noche, es una oportunidad de amar y glorificar a Dios. Los versículos 6-7 explican que podemos lograrlo si mantenemos las palabras de Dios en nuestro corazón, hablamos de ellas en todas partes y las obedecemos siempre. Dios no quiere ser solo una *parte* de nuestra vida; quiere que vivamos *toda* nuestra vida a través de Él.

Piensa:

1. En el principio, Dios creó el mundo y todo lo que hay en él. Además, ¿qué plan diseñó para Su pueblo?
2. ¿Cuál es tu héroe favorito del Antiguo Testamento y por qué?
3. ¿Cómo confió esa persona en el Señor?
4. ¿Qué tienen en común todas las historias del Antiguo y el Nuevo Testamento?
5. Jesús vino a la tierra a salvar a Su pueblo. ¿Por qué crees que vino como un bebé pequeñito en lugar de un Rey poderoso?
6. Los héroes de la Biblia a menudo tenían que ser valientes para Dios. ¿De qué maneras puedes ser valiente como para hablarles a los demás de Él?
7. Si tienes cinco minutos, ¿qué puedes hacer para Jesús?

Las grandes proezas empiezan con pequeños pasos.
Puedes hacer grandes cosas para Jesús si lo honras
en todos los pequeños detalles de tu día.

Para más ideas y actividades de la Conexión para padres,
visítanos en BHKidsBuzz.com.

LA GRAN HISTORIA

ENCUENTRA A CRISTO EN TODA LA HISTORIA DE DIOS

B&H

NIÑOS